DROIT MARITIME

DE LA

RESPONSABILITÉ DU CAPITAINE

PENDANT LE DÉBARQUEMENT

ET LE

SÉJOUR DES MARCHANDISES SUR LES QUAIS

PAR

C. LECOUFLET

DOCTEUR EN DROIT
AVOCAT DU BARREAU DU HAVRE

PARIS

L. LAROSE ET FORCEL

Libraires-Editeurs

22, RUE SOUFFLOT, 22

1886

DROIT MARITIME

DE LA

RESPONSABILITÉ DU CAPITAINE

PENDANT LE DÉBARQUEMENT

ET LE

SÉJOUR DES MARCHANDISES SUR LES QUAIS

PAR

C. LECOUFLET

DOCTEUR EN DROIT
AVOCAT DU BARREAU DU HAVRE

PARIS

L. LAROSE ET FORCEL

Libraires-Editeurs

22, RUE SOUFFLOT, 22

1886

IMPRIMERIE

CONTANT-LAGUERRE

LVX·IN·VITAM

BAR-LE-DUC

AVANT-PROPOS.

Les discussions du Congrès de droit commercial tenu à Anvers, en septembre 1885, à l'occasion de l'Exposition internationale, et les incendies qui se sont produits, depuis quelques années, trop fréquemment sur les quais du Havre, ont attiré très-vivement l'attention sur les clauses des connaissements, chaque jour, soumis aux chargeurs. Les capitaines et les affréteurs ont voulu rejeter les uns sur les autres la responsabilité du dommage ; des procès importants par les intérêts et les principes discutés ont surgi, et des décisions contradictoires sont intervenues. J'ai cédé à la tentation de rechercher laquelle des deux parties, en l'état de notre législation, me paraissait devoir triompher, ou celle qui se réclamait de la foi due aux contrats, ou celle qui se mettait sous la sauvegarde de l'ordre public.

Il y aurait peut-être lieu aussi de se demander quelle est la responsabilité des armateurs et propriétaires de navire à l'égard des actes de leurs capitaines et préposés ; ce point n'est point traité dans les pages qui suivent, et il me semble digne d'être examiné séparément.

DROIT MARITIME

DE LA

RESPONSABILITÉ DU CAPITAINE

PENDANT LE DÉBARQUEMENT

ET LE SÉJOUR DES MARCHANDISES SUR LES QUAIS

1. — Le capitaine, qui, après une heureuse traversée, est arrivé au port de destination, n'est point encore déchargé de la responsabilité qu'il a assumée à l'occasion des marchandises transportées par le navire; il doit les délivrer telles qu'il les a reçues et ne les délivrer qu'à leurs véritables propriétaires. Comment la délivrance est-elle juridiquement opérée? Les marchandises ont quitté le pont, à partir de quel moment la responsabilité du capitaine est-elle éteinte et celle du propriétaire ouverte? C'est là une question d'un grand intérêt pratique et qui mérite, ce me semble, d'être examinée avec quelques détails; les tribunaux l'ont jugée dans des espèces aussi nombreuses que diverses, et cette richesse de documents n'est pas l'un des moindres embarras qui se présentent à celui qui tente d'indiquer la solution.

Le capitaine, en sa qualité de transporteur de marchandises est susceptible de passer deux contrats, qui sont constatés par des actes portant chacun un nom spécial. Il peut louer en totalité ou en partie l'utilisation de son navire et l'acte qui constatera la location s'appellera *charte-partie;* il peut recevoir de diverses personnes des marchandises à conduire d'un port à un autre, et l'acte qui constatera la réception et règlera, en général, les conditions de ce contrat, s'appellera *connaissement;* c'est donc sur le connaissement que seront stipulés les droits et les obligations réciproques du capitaine et des chargeurs, autrement dit, ses clauses acceptées seront la loi commune. Certaines fois, le connaissement se réfère à la charte-partie, et les parties sont naturellement tenues de se conformer aux clauses visées, comme si elles se trouvaient dans le connaissement.

2. — Deux cas sont possibles, ou le capitaine a fixé le moment précis qui marque la fin de sa responsabilité, ou il n'a rien fixé, s'en rapportant soit au code, soit aux usages.

CHAPITRE PREMIER.

CLAUSE DÉCHARGEANT LE CAPITAINE DE LA RESPONSABILITÉ DES MARCHANDISES A TERRE.

---

3. — Il est certain que le capitaine, pour la sauvegarde des intérêts confiés à sa vigilance, a la faculté d'insérer dans le connaissement des clauses limitant sa responsabilité, sous la double nécessité qu'elles soient acceptées par l'autre contractant et qu'elles ne contiennent aucune disposition contraire à l'ordre public. L'acceptation résultera de la signature, mais que faut-il entendre, en notre matière, par disposition contraire à l'ordre public? Sans avoir besoin d'énumérer toute la série de faits, qui, dans le déchargement d'un navire, peuvent blesser l'ordre public, termes, à la vérité, dont la signification n'est pas strictement définie, il me suffit de dire que les deux dispositions de cette sorte, que l'on rencontrera le plus fréquemment écrites dans un connaissement, auront pour effet, l'une, d'autoriser les parties à accomplir un fait défendu par les lois et les décrets du port, l'autre de décharger la partie débitrice de la responsabilité d'un fait, dont l'accomplissement constituerait pour elle une faute personnelle et, par ses conséquences directes, conduirait à l'inexécution du contrat, quelques efforts, d'ailleurs, que fasse l'autre partie pour assurer l'exécution.

4. — L'annulation de la première disposition ne soulèvera pas de protestation, parce que l'on reconnaît assez facilement que le devoir élémentaire de quiconque réside ou se trouve de passage dans un pays est d'obéir, notamment aux lois de police de ce pays. Ainsi, le capitaine arrivant dans son port de destination avec un chargement de pétrole, dont le connaissement stipule que le débarquement aura lieu de jour et de nuit, ne pourrait exiger l'application de cette clause, nulle comme contraire aux décrets des 12 août et 12 septembre 1874, et contraindre le réclamateur à prendre les mesures utiles dans les débarquements de nuit. Celui-ci aura le droit de se prévaloir de l'article 6 du décret du 12 septembre, prohibant la mise à terre de nuit et, de son refus d'exécuter cette partie du connaissement, il ne pourra résulter aucun dommage pour lui, aux termes de l'article 1172 du Code civil.

5. — Cette première disposition se reconnaît aisément, puisque l'on est guidé par les textes positifs de la loi; la tâche n'est pas aussi commode pour la seconde. Quand sera-t-elle contraire à l'ordre public? Quand n'y sera-t-elle pas contraire? A quels signes certains une clause réglant le déchargement pourra-t-elle être déclarée valable ou pas valable? Toute disposition sera nulle, en droit, lorsque le capitaine, qui a dans l'espèce le rôle de débiteur, aurait de par elle la faculté d'accomplir ou de ne pas accomplir l'obligation contractée — la délivrance de la marchandise, — sans la moindre crainte dans l'une et l'autre hypothèse de responsabilité; car, d'une part, s'il l'accomplit, satisfaction est donnée au réclamateur qui ne dira rien; d'autre part, si la délivrance n'est pas accomplie, en ce sens qu'il y a eu impossibilité de recevoir de la part du réclamateur, le capitaine n'aurait nulle action à redouter de ce dernier, protégé qu'il sera par la disposition du connaissement, qui l'autorise à agir comme il l'a fait. Vous m'avez promis, vous, capitaine, de me délivrer des marchandises, mais vous avez soumis l'exécution de votre promesse à une condition qui, suivant qu'elle sera ou non réalisée par vous, qui en êtes le maître, me procurera ou non la délivrance; c'est là de votre part une véritable condition potestative, et aux termes des articles 1170, 1174 du Code civil, elle est nulle. Chaque fois donc que, dans un connaissement, on rencontrera une clause qui, appliquée par le capitaine, aurait pour effet de mettre le réclamateur dans l'impossibilité de recevoir la marchandise, lorsqu'il effectue la réception par les moyens les mieux appropriés de l'époque à ce genre de travail, il faudra annuler cette clause et déclarer que le capitaine, qui en poursuivrait l'accomplissement, n'aura pas opéré la délivrance légale. Au contraire, toute clause, dont l'exécution est possible par l'emploi de ces mêmes moyens, sera valablement inscrite dans le connaissement et devra être exécutée par le réclamateur.

*
* *

6. — Si ces principes sont vrais, quelle est la portée de la disposition d'un connaissement ainsi conçue : « *La* *marchandise sera délivrée du pont du navire, moment où la responsabilité du navire cessera; elle devra être prise le long du bord par le réclamateur ou le consignataire, aussitôt que le navire sera prêt à décharger, ou autrement elle sera débarquée par le capitaine et déposée aux frais du réclamateur et à ses risques de feu, perte et avarie à terre et en magasin. Aucune des présentes stipulations ne sera jugée nulle par un usage quelconque des ports.* »

Un navire arrive chargé de cotons; les connaissements étant au porteur, le capitaine ignore le nom des réclamateurs; il se conforme aux usages en faisant une mise en demeure collective, par voie d'insertion dans les journaux de la localité, et, le délai nécessaire écoulé pour que cette annonce soit venue à la connaissance des intéressés, il commence son déchargement. Tous ou certains réclamateurs sont absents pour la réception des balles de coton, ou refusent d'accepter le déchargement rapide exécuté par le capitaine, qui n'en continue pas moins son opération. Le coton est empilé sur le quai et, au cours du débarquement, un incendie, sans qu'on puisse en connaître la cause, éclate et dévore une partie des balles entassées. Au compte de qui le dommage résultant de l'incendie sera-t-il attribué? A celui du capitaine qui n'a pas livré les cotons matériellement au réclamateur, mais qui a observé la convention, ou bien à celui des réclamateurs tardifs, qui n'ont pas reçu la marchandise, comme l'exigeait le connaissement.

7. — Le système, qui soutient la responsabilité du capitaine, met en avant les raisons suivantes qui sont fort bien présentées dans un jugement du tribunal du Havre du 14 janvier 1886 [1] : « L'essence, y est-il écrit, du contrat de transport est non-seulement le voyage, mais

____

(1) Ce jugement vient d'être publié dans le *Rec. du Hav.*, 1886, 1, 7.

encore la délivrance de la marchandise au destinataire, délivrance qui s'opère par la remise de la chose en la puissance et possession du réclamateur, et le capitaine, comme le voiturier, ne peut être exonéré de cette obligation que par un cas de force majeure. » Ce devoir primordial du capitaine, consacré par les articles 222 et 230 du Code de commerce, toute convention par laquelle il tend à s'en décharger est contraire à l'ordre public et nulle. Le capitaine a si peu livré la marchandise qu'il l'a fait arrimer sur le quai sans aucun ordre ni allotissements, et spécialement en ce qui concerne la livraison des cotons, la livraison n'a lieu que par leur pesage, quoique le capitaine puisse valablement stipuler un autre mode de livraison, art. 274 Cod. de com.

8. — Il me semble qu'il est possible de répondre à cette argumentation, en s'appuyant sur les considérations développées au début. Incontestablement, le capitaine doit faire la délivrance de la marchandise, mais partir de ce point pour dire que le capitaine, qui s'est conformé au connaissement dont il s'agit, n'a pas rempli son obligation de délivrance, c'est émettre une véritable pétition de principes, car toute la question est de savoir en quoi consiste la délivrance. Le jugement dit que la délivrance s'opère par la remise de la chose en la puissance et possession du réclamateur, et que, dans notre espèce, elle a lieu par son pesage; mais il ajoute qu'il y a d'autres modes de livraison valables. Seront valables, ai-je établi, tous les modes acceptés et non contraires à l'ordre public; examinons le mode de délivrance noté au connaissement et recherchons si, dans son fonctionnement, il y a des atteintes portées à l'ordre public. L'unique grief relevé consiste dans l'impossibilité de réception qui résulte, pour le réclamateur, de ce déchargement rapide pendant lequel, à l'aide de treuils actionnés par la vapeur, tous les panneaux ouverts, sortent sans discontinuité des flancs du navire des dizaines de balles à la fois. Il serait puéril de nier que, si l'on se tient aux anciennes pratiques du débarquement, usitées à l'époque de la marine à voiles ou des steamers de dimension restreinte, la réception, avec cette continuelle marée montante de marchandises arrivant sur le pont et envahissant le quai, peut être réputée impossible. Les marchandises doivent être pesées, comment le réclamateur parviendra-t-il à suivre la marche du déchargement, s'il n'emploie qu'une seule balance, ainsi que le disaient les vieux usages.

Le capitaine n'a pas à tenir compte de ces usages, puisque le connaissement l'affranchit de leurs prescriptions. Ceci écarté, à qui pourra-t-on faire croire que les réclamateurs, s'ils veulent employer tous les puissants moyens de travail que le progrès de la science et l'activité humaine mettent à leur disposition, ne puissent aller de parité dans la réception qui comprendra reconnaissance des marchandises, enlevage, pesage, avec le capitaine dans le déchargement, qui n'est pas moins complexe en son ensemble. Une balance est insuffisante par panneau, le réclamateur en mettra deux, trois, le nombre qui sera utile, et il augmentera ses équipes de débardeurs en proportion; ce sont là des mesures toutes matérielles, qui n'apparaissent irréalisables qu'à ceux qui se refusent à les appliquer pour des motifs divers. Ces motifs de résistance se peuvent ramener tous à l'accroissement considérable des dépenses, qui grèvent la livraison par ce déchargement, nécessitant le travail de nuit. Vos marchandises sont jetées sur le quai, dites-vous, par masses qui empêchent la reconnaissance; il faut vous en prendre à votre négligence, qui n'a pas assuré suffisamment le service de réception. Tant que le réclamateur n'aura pas fait la démonstration qu'il est absolument impossible de procéder à la réception dans les conditions de ces déchargements rapides, il n'aura pas le droit d'en contester l'exécution et de faire appel à l'ordre public pour rendre le capitaine responsable. La démonstration n'est pas faite, car le jugement affirme la force majeure et ne la prouve pas.

9. — La théorie, qui me paraît la vraie, a été adoptée autrefois par le tribunal du Havre, à l'occasion des jours de planche. Des réclamateurs avaient émis la prétention, que l'encombrement des quais provenant d'un prompt déchargement, constituait un cas de force majeure, interrompant les jours de planche, et qu'ils pouvaient l'opposer au capitaine, réclamant des surestaries, parce que son travail avait été arrêté faute d'emplacement; où débarquer la marchandise. Il leur fut répondu par le jugement du 23 février 1870, *Rec. du H.*, an 1870, 1, 72, où se trouvent les considérants suivants :

« Attendu que les règlements du port, ainsi que la jurisprudence, imposent à tout réclamateur l'obligation d'enlever ses marchandises au fur et à mesure de leur mise à terre; qu'il a été jugé que l'impossibilité de continuer le déchargement d'un navire, résultant de l'encombrement du quai, par l'effet du séjour des marchandises débarquées dudit navire, ne saurait constituer un cas de force majeure de nature à empêcher les jours de planche et de surestaries de courir; que, de plus, les difficultés que le réclamateur peut rencontrer dans l'enlèvement de ses marchandises ne sont pas opposables au capitaine. » V. conform. Havre, 14 avril 1862; *R. du H.*, an 1862, 1, 131.

Dans un jugement du 15 janvier 1868, *R. du H.*, an 1868, 2, 180, le tribunal de Nantes, devant lequel on invoquait la neige comme ayant empêché le déchargement et suspendu les jours de planche, repoussait la demande du réclamateur, par ce motif que, tout en admettant que, par suite des circonstances atmosphériques, le déchargement ait été rendu plus onéreux et plus difficile, il n'a pas été *empêché d'une manière absolue.*

Ces principes acceptés en matière de surestaries, je demande qu'on les accepte aussi en matière de délivrance, et qu'il soit établi qu'elle est empêchée par notre clause d'une manière absolue.

10. — On peut faire le grave reproche au réclamateur d'avoir accepté une semblable clause; il devait apparemment soupçonner que le capitaine, qui a un intérêt évident et très-grand à son application, s'en prévaudrait au moment opportun. Pourquoi, lui, qui, dans la plupart des cas, ne sera pas neuf en commerce, n'a-t-il pas protesté à la présentation? La chose, je le veux bien, n'est pas aisée avec le genre d'affaires du jour, mais ce n'est pas de cette année que des difficultés surgissent à l'occasion de ces clauses, et chargeurs et réclamateurs les acceptent toujours par leur signature, sans doute avec la secrète espérance, le cas échéant, d'en poursuivre l'annulation. Le tribunal de commerce d'Anvers a bien saisi ce côté de la question et, dans un jugement du 5 mai 1871, rapporté dans le recueil de ce tribunal, an 1871, 1, 159, où il s'agissait d'un destinataire qui réclamait au capitaine d'un steamer *Ville du Havre,* le prix de trois paquets de soieries déchargés en son absence, faute par lui de s'être présenté à temps, et disparus, on lit :

« Attendu que la clause du connaissement est ainsi conçue : « La marchandise sera déchargée à quai aux risques et périls des propriétaires immédiatement après l'arrivée du steamer, tant de jour que de nuit; elle devra être reçue par les ouvriers des réceptionnaires, au fur et à mesure de la sortie du navire; faute de ce faire, elle séjourne à quai sans aucune responsabilité pour le navire. »

« Attendu que le capitaine ne peut être responsable de la perte des paquets en question; que la clause stipule formellement que, dès le dépôt de la marchandise sur le quai, la responsabilité du capitaine cesse en ce qui concerne la garde et la surveillance de cette marchandise;

attendu que les conventions légalement formées tiennent lieu de loi à ceux qui les ont faites. » Art. 1134 C. Civ.

.*.

11. — Reste l'objection de la non-prise de possession par le réclamateur et l'arrimage de la marchandise sur le quai par le capitaine, mais, je cherche, le réclamateur ne se présentant pas, ou faisant la réception avec des moyens notoirement défectueux, quelle conduite, dans la circonstance, avait à tenir le capitaine, qui a des droits nettement précisés? Après avoir accompli ses obligations, mise en demeure et autres, il use de ses droits et débarque les cotons. Est-ce qu'il peut contraindre par quelque voie coërcitive ou magique le réclamateur absent à prendre livraison immédiate? On a en face deux parties, l'une, le capitaine qui accomplit les engagements; l'autre, le destinataire, qui ne les accomplit pas; le capitaine vraiment ne peut attendre, jusqu'à l'indéfini, les commodités de celui-ci. Il arrime les marchandises sur le quai aux risques du réclamateur, qui est averti par le connaissement, que, s'il ne la reçoit pas dans les conditions convenues, elle séjournera sur les quais pour son compte, exposée, avant la mise en magasin, à tous les dangers, vol, incendie, avarie, que comporte un pareil séjour. Si l'un de ces dangers survient, le réclamateur prévenu pourra-t-il, en droit et en équité, actionner le capitaine? Pour que ce dernier soit coupable, il faut prouver à sa charge une faute taxativement indiquée, que l'incendie, par exemple, est le résultat d'une flammèche sortie de la cheminée de la machine, ou de l'imprudence d'un matelot du bord; mais affirmer que, par cela seulement que la marchandise a été débarquée sur le quai, dans les circonstances dont il s'agit, une faute a été commise par le capitaine, et que toutes les suites du fait, qualifié faute, doivent lui incomber, c'est formuler une proposition ni juridique, ni conforme aux intentions des contractants. Ainsi la Cour de cassation, dans un arrêt du 29 novembre 1881, rapporté dans le *Recueil du Havre*, an 1883, 2, 278, a jugé que pour rendre le capitaine responsable, il faut faire la preuve d'une faute ayant exercé une influence déterminante sur le dommage.

***

12. — Les réclamateurs tentent de viser le capitaine par d'autres côtés, relevés incidemment dans quelques jugements ; ils argumentent des articles 1915 et suivants du Code civil, avec lesquels ils considèrent le capitaine comme dépositaire, et disent qu'en cette qualité, il doit rendre la chose déposée, moins les cas de force majeure, ou encore des articles 1991 et 1992, par lesquels le capitaine devient leur mandataire et tenu de ses fautes, suivant les règles du mandat.

J'avoue ne pas bien saisir quelle force donne au raisonnement des réclamateurs le recours à ces principes, pour attribuer quand même au capitaine la responsabilité des avaries de quai ; les articles 222 et 230 du C. de Com., me semblaient leur suffire pour apprécier cette responsabilité. Mais il est aisé, qu'ils considèrent le capitaine à titre de dépositaire ou à titre de mandataire, de les réfuter en rappelant simplement la nature de chacun de ces deux contrats : dépositaire, garant de la chose remise jusqu'à l'époque convenue pour la reddition et le pacte indique cette époque, dès que le navire sera prêt à décharger ; mandataire, astreint aux obligations qu'il a assumées, à celles-là seules et point à d'autres ; il a reçu la mission de transporter une chose sur son navire, sous la condition formelle qu'à l'arrivée au port, dès que la chose aura touché terre, elle retombera aux risques du mandant ou de ses représentants, qui devront se présenter pour la recevoir. On voit que de quelque point que

la question soit envisagée, la solution dépend de la valeur
accordée à la clause du connaissement; est-elle reconnue
valable, le capitaine échappera à la responsabilité, ou est-
elle nulle, il encourra la responsabilité?

13. — On pourrait ajouter, s'il s'agit d'un incendie
ayant atteint des marchandises sur les quais, que,
lorsqu'aucune origine précise de l'accident n'est décou-
verte, il y a là, au respect du capitaine, un cas de force
majeure qui l'exonère des conséquences ; il semble logi-
que que la cause du dommage n'étant pas connue, le
capitaine demeure indemne et que le principe, *res perit
domino,* reçoive son application. Cela a été décidé notamment par un arrêt de Douai du 26 avril 1869, *R.
du Hav.,* an 1869, 2, 191 ; un jugement de Marseille du
11 octobre 1875, *R. de Mars.,* an 1876, 1, 14 et un
jugement du Havre du 26 août 1873, *R. du Hav.,* an
1874, 1, 167.

14. — En faveur de notre théorie, en plus de l'arrêt
de Rouen du 22 avril 1885, *R. du Hav.,* an 1885, 2,
125, qui n'hésite pas à déclarer « licite la clause du connaissement librement accepté, » on peut consulter uti-
lement les jugements du tribunal d'Anvers dont la jurisprudence, malgré quelques divergences qui trouvent leur
explication dans les espèces, paraît établie dans le sens
de la validité de la clause, 19 février 1872, *R. d'Anv.,*
an 1872, 1, 124 ; 5 mai 1873, *R. d'Anv.,* an 1873, 1,
167 ; 15 juillet 1873, *R. d'Anv.,* an 1874, 1, 313.

Il en est de même de la cour de Douai, qui, dans
un arrêt du 16 février 1882, *Rec. du Hav.,* an 1882,
2, 66, cassant un jugement du tribunal de Dunkerque,
déclare bonne et légale la clause d'un connaissement,
par laquelle il est stipulé que, si la prise de livraison
des marchandises n'est pas opérée par les réclamateurs,
dès que le navire sera prêt à décharger et après avis
de mise en demeure, elles seront débarquées et mises

en magasin à leurs frais et risques, et l'arrêt a soin de relever que la rapidité du déchargement accompli par le capitaine ne lui a point procuré un bénéfice obtenu indûment au préjudice des réclamateurs, mais bien un bénéfice dont la légitimité procède d'un droit réservé par la convention. Le tribunal de commerce de Bordeaux n'est pas éloigné de cette doctrine, puisqu'il admet que le destinataire qui a été avisé ne peut se plaindre, lorsqu'un déficit est constaté, bien que le déchargement ait été effectué hors de sa présence, lorsque le délai fixé par le connaissement était expiré et que le déchargement du steamer a eu lieu suivant l'usage. Bordeaux, 7 février 1861, *Rec. de Nantes,* an 1861, 2, 185.

15. — Les tribunaux de commerce du Havre et de Marseille ont une doctrine opposée, dont, pour ainsi dire, le grand argument consiste à prétendre que le capitaine qui décharge dans les conditions ci-dessus relatées ne délivre pas la marchandise, parce que les réclamateurs ne peuvent ni la reconnaître, ni donc en prendre livraison réelle. Au jugement du 14 janvier 1886, on peut pour le Havre ajouter le jugement du 20 février 1883, confirmé avec adoption de motifs par la cour de Rouen, le 29 août suivant, — *Rec. du Hav.,* an 1883, 1, 60; 2, 227, et celui du 11 mars 1884, qui a été cassé par la cour le 22 avril 1885. — *Rec. du Hav.,* an 1884, 1, 182; 1885, 2, 125. Du tribunal de Marseille, deux décisions sont intéressantes à retenir : l'une du 6 août 1879, l'autre du 30 juin 1856, *Rec. de Mars.,* an 1879, 1, 275; an 1856, 1, 257.

16. — La doctrine n'a pas eu l'occasion de s'occuper de cette question; je rappelle pourtant que M. Lyon-Caen, dans son *Examen de jurisprudence maritime,* publié par la *Revue critique,* an 1883, p. 648, a posé en principe, à l'occasion de la responsabilité des capitaines et des armateurs, qu'il n'est pas contraire aux règles générales du droit qu'une personne se décharge de la garantie de ses propres fautes contractuelles, en tant qu'elles ne sont pas, par leur gravité, assimilables au dol. De même, M. Arthur Desjardins qui, dans son *Traité de droit maritime*, t. II, p. 342, reconnaît valable la clause explicite, par laquelle le capitaine se décharge de toute responsabilité d'un arrimage, opéré par les agents de l'affréteur, fait une application à cette espèce, qui a bien des côtés de similitude avec la nôtre, de la théorie que les mentions du connaissement doivent être suivies aussi exactement que possible.

CHAPITRE II.

ABSENCE D'UNE CLAUSE LIMITANT LA RESPONSABILITÉ DU CAPITAINE.

17. — Si le capitaine néglige d'insérer dans les connaissements la clause, qui limite sa responsabilité au pont du navire, il subit les règles du droit commun : ou les destinataires sont présents et la responsabilité du capitaine ne cesse que par la réception réelle ou tout au moins la reconnaissance contradictoire après le débarquement, ou ils sont absents, et le capitaine est garant jusqu'à la mise en dépôt.

****

18. — Quand les réclamateurs sont présents, la réception a lieu, dans la plupart des cas, par le pesage auquel participent les agents du capitaine et des réclamateurs ; par les nécessités de cette opération, la marchandise a été reconnue par ces derniers, et il est juste que, dès cet instant, elle passe à leur charge. Qu'elle reste sur le quai ou qu'elle soit immédiatement enlevée, il n'importe ; les avaries seront au compte des réclamateurs. Havre, 3 novembre 1885 ; 22 septembre 1885 ; 28 novembre 1877, *Rec. du Hav.*, an 1885, 1, 194 ; 1, 187 ; an 1877, 1, 293. — Jusque-là, les précautions de garantie devront être prises par le capitaine, et, pendant le déchargement, s'il éclate subitement un orage qui mouille les objets, non abrités sous des prélarts, il ne pourra invoquer la force majeure tirée de la soudaineté du changement atmosphérique ; il avait le devoir de posséder à portée les engins dont l'emploi était possible, et il est en défaut de ne pas l'avoir fait. Havre, 17 mai 1880, *Rec. du Havre*, an 1880, 1, 250.

19. — Quand il procède lui-même au pesage de la marchandise, qui doit être, au fur et à mesure, transportée aux docks, s'il empêche cette opération d'être accomplie, parce que le pesage n'a eu lieu qu'après la fermeture des docks, la marchandise qui demeure sous sa tente, bien qu'elle soit pesée, est sous sa garde et il en est responsable, car la délivrance a été retardée par son fait. Havre, 15 décembre 1880, *Rec. du Hav.*, an 1881, 1, 32. — Il en doit être de même du capitaine, dont le fret n'est pas payé, et qui, pour cette raison, après le pesage, s'oppose à ce que le réclamateur enlève la marchandise. Le contraire a pourtant été décidé par un jugement du Havre du 20 août 1877, — *Rec. du Hav.*, an 1877, 1, 269, — pour les raisons qui suivent :

« Attendu que les articles 2080, 1137 et 1302 du Code civil, invoqués par X.., réclamateur, ne trouvent pas leur application dans la cause ; que même les deux derniers se retourneraient contre lui, seul et véritable détenteur des 104 balles ;

« Qu'on ne retrouve pas non plus, [dans l'espèce, le gage dans sa véritable acception et tel qu'il est visé par l'article 2080, aux termes duquel le créancier est tenu de veiller à la conservation du gage, sauf à exercer son recours contre le débiteur pour le remboursement de ses frais ;

« Attendu que le gage est un nantissement et le nantissement un contrat par lequel le débiteur remet une chose à son créancier pour sûreté de sa dette ; qu'il n'y a eu ni remise par le débiteur devenu X...., ni acceptation de la chose par le créancier, deux conditions essentielles à l'existence même du gage. »

Une pareille appréciation du caractère du capitaine dans cette hypothèse ne me semble pas [juridique et le texte de l'article 2080 est interprété trop littéralement. Et d'abord, en faveur du réclamateur, l'on pouvait tirer un utile argument, complétant les articles indiqués, des articles 306, 307 et 310 du C. de Com. qui réglementent le privilège du fret sur la marchandise et de l'article 2102, § 6, du Code civil établissant le même droit au profit des frais de voiture sur la chose voiturée. Il est plausible que l'article 2080 n'apparaît dans la cause que parce que les articles 306, 307 et 2102 ont établi un privilège autorisant un droit de rétention spécial ? Quelle est donc la nature de ce droit de rétention ? N'y a-t-il pas, dans son exercice, un véritable gage constitué au capitaine, créancier du fret, qui fait ordonner le dépôt de la chose en mains tierces ? gage tacite, si l'on veut, mais toujours soumis aux règles du nantissement. Si l'on analyse l'acte du capitaine, comme celui du voiturier se prévalant de l'article 2102, on y rencontre les deux conditions exigées par le jugement : *remise de la chose pour sûreté de la dette,* le réclamateur a opéré cette remise par son auteur, le chargeur, qui, par le fait de l'apport de la marchandise sur le navire, consentait deux obligations, la dette du prix de transport et la garantie donnée pour son paiement sur la chose, puisqu'il ne pouvait la reprendre, que celui-ci une fois effectué ; *acceptation par le créancier,* le capitaine a fourni cette acceptation : car, aux termes de l'article 310, il sait que son fret n'a de sûreté que la valeur de la chose, parce que son propriétaire pourra s'en libérer, en l'abandonnant. Je pense que cela a été à tort méconnu et le capitaine, ayant par sa volonté conservé le gage en sa possession, devait accomplir les obligations d'un tel possesseur. Voyez M. Pont, sous l'art. 2102, n° 149; M. Troplong, *Du nantissement*, n° 43; Valin, *Comment. sur l'Ord.*, III, iii, 25, et M. de Valroger, *Droit maritime*, sous l'art. 306.

20. — Le réclamateur, avisé du débarquement et qui donne récépissé de cet avis, fait transférer en douane la marchandise en son nom, et commence son enlèvement, aura ainsi assumé les risques et des marchandises enlevées et des marchandises restant à enlever; il y a dans ses agissements une prise de possession effective et légale, et, s'il en a les avantages, les inconvénients lui reviennent également. Mars., 10 mai 1872, *R. de Mars.*, an 1872, 1, 246.

**

21. — La marchandise débarquée, le réclamateur ne se présente pas pour la recevoir. Le capitaine ne peut être tenu de la garder; si les connaissements sont à personnes dénommées ou que les porteurs lui soient connus, il leur adressera une mise en demeure d'avoir à prendre livraison, en se conformant à l'usage pour leur faire savoir que le navire est prêt à débarquer; si la sommation demeure infructueuse, il fera ordonner par justice le dépôt de la marchandise en un magasin désigné : jusqu'à ce dépôt ou jusqu'à la réception par le réclamateur, s'il se présente avant le dépôt, la marchandise est sous sa responsabilité; le capitaine ne pourrait, pour se disculper d'avaries survenues pendant le stationnement sur les quais, soutenir qu'elle était livrable sous palan, qu'elle n'avait besoin d'être ni pesée ni mesurée pour l'établissement du fret, et que le réclamateur avait levé ses permis en douane, ou encore qu'il l'avait échantillonnée. Ces circonstances ne doivent pas avoir pour résultat de soustraire l'une des parties à son obligation de délivrance ; elles sont destinées à la préparer et non à la consommer, et c'est seulement quand la délivrance est consommée, parfaite, que la responsabilité du débiteur cesse. N'ayant, d'ailleurs, inséré dans les connaissements aucune clause de restriction, il s'est placé sous le droit commun, et il devait observer les règles que j'ai indiquées plus haut. En ce sens, arrêts de Rouen des 17 août 1882 et 3 avril 1883, *R. du Hav.*, an 1882, 2, 220 ; an 1883, 2, 260 ; contraire : jugements du Havre, 2 mai 1882, *R. du Hav.*, an 1882, 1, 121, et 11 janvier 1886, *R. du Hav.*, 86, 1, 5.

22. — La mise en dépôt, au cas où elle est rendue nécessaire par l'absence des réclamateurs, soulève une question importante : le capitaine a-t-il le droit de faire le dépôt avant l'expiration des jours de planche, arrêtés dans le connaissement ? Il y a lieu de faire une distinction, dont je suis étonné de ne pas avoir trouvé trace dans les jugements sur la question, entre les deux hypothèses suivantes : ou le fret est encore dû, ou bien il a été payé au port du départ ; elle me paraît utile, parce que les raisons de décider ne sont pas identiques dans l'un et l'autre cas, ni la solution pareille.

23. — Si le fret doit être payé à l'arrivée, comme il en sera généralement, l'article 306 du Code de com. l'autorise à faire le dépôt *au temps de la décharge*, ce qui signifie clairement pendant le cours des jours de planche. Un arrêt de Cassation du 5 mars 1884, — *Rec. du Hav.*, an 1884, 2, 220, — déclare qu'il doit agir ainsi, alors même qu'il existerait un usage, d'après lequel le fret n'est payé qu'après la délivrance au destinataire, et le motif donné est qu'une disposition formelle de la

loi ne peut être tenue en échec par un usage contraire.
V. aussi Hav., 12 mars 1884; *Rec. du Hav.*, an 1884,
1, 188. *A fortiori*, faut-il juger dans le même sens lorsqu'après la mise en demeure d'usage, aucun réclamateur ne vient pour recevoir la marchandise; l'article 306,
dont les termes sont généraux : « le capitaine peut, dans
le temps de la décharge, demander le dépôt en mains
tïerces jusqu'au paiement de son fret, » ne fait aucune
différence entre le réclamateur présent, mais refusant
de payer, et le réclamateur absent, qui ne paie pas non
plus le fret. Les termes de l'article répondent à l'objection qui consisterait à prétendre qu'il ne s'applique
que lorsque le capitaine a en face un réclamateur présent, ne voulant ou ne pouvant pas payer le fret.

24. — Autre cas, le capitaine a reçu son fret; la
théorie qui soutient qu'il peut, en l'absence du réclamateur, procéder à la mise en séquestre, fait valoir que
le capitaine est débiteur de la cargaison, et, d'après
l'article 1257 du Code civil, lorsque le créancier refuse
son paiement, le débiteur peut consigner la chose; qu'il
a eu grand intérêt à faire cesser ses responsabilités, et
à reprendre la libre disposition de son navire. A ces
raisons il est répondu qu'en admettant le capitaine débiteur, apte à bénéficier de l'article 1257, il ne peut le
faire, aux termes des articles 1258 et 1287, que le terme
échu, et il n'est pas contesté que le terme pour l'exécution du déchargement, c'est-à-dire le nombre de jours
de planche convenu, est aussi bien en faveur du réclamateur créancier que du capitaine débiteur. Si le capitaine a intérêt à décharger son navire le plus prompte-
ment, le réclamateur a un intérêt, de son côté, à faire
le déchargement dans des conditions autres, puisqu'il
les a insérées au connaissement. Il a d'autant plus de
droit de s'en prévaloir, que les parties, prévoyant un
manquement au contrat, auront toujours fixé une clause

pénale par les surestaries, et, d'après l'article 1229 Code Civ., la clause pénale étant la compensation du dommage résultant de l'inexécution de l'obligation principale, le capitaine, tant qu'il sera encore dans les délais, soit dans les jours de planche, où celle-ci peut être exécutée par le réclamateur, ne peut en empêcher l'exécution par un acte quelconque. Il ne peut se plaindre du retard du réclamateur, puisque, d'une part, le réclamateur est encore dans le délai pour accomplir l'obligation et que rien ne prouve qu'il ne le fera pas, et que, d'autre part, s'il ne l'accomplit pas, le capitaine recevra une indemnité antérieurement déterminée. Ce dernier doit donc attendre l'expiration des jours de planche, faire ordonner ensuite le dépôt et réclamer, s'il y échet, le profit de la clause pénale. En ce sens, un remarquable jugement du tribunal du Havre du 10 juin 1872, *Rec. du Hav.*, an 1872, 1, 137, avec une note contraire de M. Guerrand.

25. — Quant aux débarquements la nuit ou les jours fériés, il a été dit que le capitaine peut les opérer, si le connaissement le permet; mais il en sera différemment avec un connaissement muet à cet égard, et il faudrait le rendre responsable des suites d'un débarquement semblable et reconnaître aux réclamateurs le droit de faire ordonner une expertise pour vérifier les avaries présumées en résulter. C'est là une très-simple application de l'adage, que *la convention fait la loi des parties*, étant, au reste, entendu qu'en cas de force majeure, venant de l'état du navire et de la cargaison, le déchargement extraordinaire est possible; cette nécessité devra être reconnue par les parties ou constatée par justice. Hav., 2 janvier 1883, *Rec. du Hav.*, an 83, 1, 29; Rouen, 29 fév. 1884, *R. du Hav.*, an 1884, 2, 92; Hav., 28 septembre 1885, *R. du Hav.*, an 1885, 1, 204.

CHAPITRE III.

LES FINS DE NON-RECEVOIR DES ARTICLES 435 ET 436 SONT-ELLES APPLICABLES EN CAS DE MANQUANT DANS LA MARCHANDISE?

26. — Pendant le séjour sur les quais, la marchandise est surtout exposée à des déficits provenant de soustractions ou d'autres causes; sans désirer entrer plus avant dans l'étude des fins de non-recevoir, je dois examiner le point très-controversé de savoir si le capitaine, en cas de délivrance partielle de la marchandise avec un manquant ou déficit sur la totalité qui lui a été remise, peut se prévaloir contre le réclamateur de l'inobservation des articles 435 et 436 du C. de com.

On sait que le réclamateur qui a reçu sans protestation la marchandise ayant éprouvé un dommage, qui n'a point signifié sa protestation dans les vingt-quatre heures ni formé dans le mois une demande en justice, est déchu de ses droits à une réparation. Si la marchandise a été complètement perdue et qu'aucune délivrance n'ait été faite au réclamateur, il ressort des termes de l'article 435, qui exige une réception, que le capitaine ne pourra opposer de fin de non-recevoir pour l'inexécution des prescriptions indiquées; l'article 433 est l'article applicable.

En sera-t-il ainsi en cas de déficit?

27. — Les articles 435 et 436, d'après un premier système, ne concernent pas cette hypothèse; ils ne visent que « le dommage arrivé à la marchandise, si elle a été reçue sans protestation; » or, cette marchandise, ces colis, à l'égard desquels le réclamateur doit protester, il ne les a pas reçus, comme le veut la loi ; il n'est donc pas tenu aux formalités de nos articles pour sauvegarder ses droits. En plus, l'article 435 parle de *dommage;* comment un dommage peut-il exister relativement à une chose, qui n'existe plus, puisque le capitaine ne peut l'offrir en livraison? *Dommage* veut dire avarie, au sens populaire du mot, c'est-à-dire détérioration, diminution de valeur apportée à la chose par défaut de soins ou par le contact d'un autre corps qui l'a atteinte et modifiée. Ici, il y a perte de la chose, et, si la loi avait voulu réglementer ce cas, elle eût ajouté au mot *dommage* le mot *perte* ou autre semblable, indiquant que l'absence de la chose motivait aussi certaines formalités.

En ce sens, arrêt de Paris, 8 mai 1875, S. an 1878, 1, 454, sous Cass.; arrêt de Rouen, 3 août 1883, *R. du Hav.*, an 1883, 2, 260; Mars., 28 février 1873, *R. de Mars.*, an 1873, 1, 123.

28. — Il m'est impossible d'admettre les arguments de ce système, dont le point de départ me paraît faux et ne peut servir que s'il n'y a eu aucune délivrance. Il faut, dit-il, livraison et réception de par les articles 435 et 436 ; cette réception et cette livraison n'ont-elles pas eu lieu, puisque le réclamateur a en sa possession une partie de la marchandise ; et, où est écrit ce principe qui permet de diviser en deux catégories, l'une qui a été reçue, l'autre qui n'a pas été reçue, la marchandise transportée, laquelle forme, au respect de chaque récla-mateur pour ce qui est sien, un tout compact et complet. C'est une division arbitraire, tout au plus applicable quand la marchandise sera formée d'objets séparés, mais inapplicable quand elle sera un objet unique ; telles une balle de laine ou une pièce de soie, que décidera le pre-mier système s'il manque 50 kilog. à la première et 10 mètres à la seconde? Mais, quelque forme qu'elle revête, la marchandise, propriété d'un réclamateur, est pour lui un ensemble, et, si à cet ensemble il constate au moment de l'arrivée un manquant ou une mouille, il y a dommage à la marchandise et préjudice pour lui dans l'une et l'autre circonstance. La Cour de cassation a justement dit que la généralité des expressions « dommage arrivé à la marchandise » comprend aussi bien le déficit dans le poids et la quantité que le dommage provenant de la détérioration. J'ajoute que les motifs qui commandent les mesures des articles 435 et 436, ne sont pas moins justifiés quand il s'agit de déficit que de détérioration.

En ce sens, Cass., 2 juillet 1877, S. 1878, 1, 454, et Dall. 1878, 1, 57 avec note; Hav., 2 août 1879, *R. du Hav.*, an 1879, 1, 267; Hav., 5 juin 1872, *R. du Hav.*, an 1872, 1, 134 et les décisions indiquées en note sous ces jugements; Table générale d'Anvers, v° *Fins de non-recevoir,* n° 17; Ruben de Couder, *Dictionnaire de droit commercial,* v° *Capitaine,* n° 357; M. de Valroger, sous l'article 435, n° 2323.

APPENDICE.

CLAUSES DE CONNAISSEMENTS RÉGISSANT LA RESPONSABILITÉ DU CAPITAINE A L'OCCASION DU DÉBARQUEMENT.

29. — La clause du connaissement, que nous avons examinée dans notre chapitre I et reconnue valable, est extraite d'un connaissement anglais et, aujourd'hui, la plupart des navires anglais, qui viennent en France, ont des connaissements semblables, dont la teneur est évidemment favorable aux capitaines. Il m'a paru intéressant de signaler comment nos compagnies françaises de navigation avaient réglé, quant au débarquement et au séjour des marchandises sur les quais, les rapports des capitaines avec les chargeurs. On va voir à la lecture des clauses, que toutes ont tenté de restreindre la responsabilité du capitaine, autant qu'elles le pouvaient faire; mais, si l'on veut bien se reporter aux principes développés ci-dessus, je doute que l'on trouve qu'elles aient été également heureuses dans leurs tentatives.

Voici quelques-unes de ces clauses :

Compagnie générale transatlantique, ligne du Havre à New-York :

« Les marchandises doivent être prises le long du bord par le consignataire dès que le navire est prêt à décharger, ou bien elles seront débarquées par le capitaine et déposées aux frais du consignataire, et à ses risques d'incendie, de perte ou de dommage, dans le magasin affecté à cet effet, sur le warf des bateaux à vapeur ou ailleurs, ou envoyés à tel magasin public qui pourra être désigné par le directeur des douanes de New-York; le capitaine est déchargé par la remise de la marchandise en douane. »

Chargeurs-Réunis, ligne du Havre à la Plata, et Compagnie maritime du Pacifique :

Art. 1er. — « Le capitaine n'est pas responsable..... du feu à bord ou dans les allèges, ou pendant le séjour des marchandises sur les quais, magasins docks ou tous autres lieux quelconques avant livraison définitive. »

Art. 6. — « Le débarquement des marchandises sera exclusivement opéré par les soins du capitaine, conformément aux usages du port de destination; ces opérations auront toujours lieu aux frais, risques et périls de la marchandise. »

Compagnie des Messageries maritimes, ligne de la mer Noire :

Art. 5. — « A l'arrivée à destination, le capitaine a la faculté, soit de délivrer à bord les marchandises, groupes et objets de valeur, soit d'en opérer lui-même ou d'en faire opérer le débarquement par un batelier ou entrepreneur de son choix. Dans tous les cas, le débarquement a toujours lieu aux frais, risques et périls de la marchandise.

« Lorsque le débarquement sera opéré par les soins du capitaine ou de la Compagnie, il aura lieu sans qu'il soit besoin d'en aviser le destinataire, et les marchandises, groupes et objets de valeur seront déposés suivant les circonstances locales, en douane, à quai, dans un entrepôt ou magasin public ou particulier, ou mis à bord d'un autre navire ou au Lazaret, le tout aux frais et risques de la marchandise, qui supportera également toutes les conséquences, quelles qu'elles soient, des quarantaines.

« Lorsque la livraison aura lieu à bord, elle ne sera faite par le capitaine que sur la remise du connaissement régulièrement. acquitté, après le paiement du fret entre les mains de l'agent, et le visa du connaissement par ce dernier. »

Compagnie havraise péninsulaire :

Art. 11. — « La Compagnie n'est pas responsable des risques d'incendie des marchandises sous tente, dans les magasins ou sur les quais, ce risque reste à la charge de la marchandise. »

Art. 15. — « Les colis, une fois rendus *à destination*, seront déposés dans les magasins de la douane locale, s'il en existe, ou dansceux des agents de la Compagnie par les soins de ceux-ci, mais aux frais et risques des destinataires. Seront également aux frais et risques des destinataires le transbordement des colis du vapeur dans les allèges et leur séjour à bord desdites allèges jusqu'à l'entier déchargement.

« Toutes réclamations pour déchets, manquants, avaries ou autres causes, ne seront pas reçues si elles ne sont produites dans les 24 heures de la remise en douane au port de destination. »

Extrait d'un autre modèle de connaissement de la même compagnie :

Art. 5. — « A l'arrivée à destination, le capitaine aura la faculté, soit de délivrer les marchandises à son bord, soit d'en opérer lui-même ou d'en faire opérer le débarquement par un entrepreneur de son choix, aux frais, risques et périls de la marchandise. La livraison aura lieu en douane, sur le quai ou en magasin, suivant l'usage des lieux, dès que le steamer est prêt à décharger. A la Réunion, la capitaine est formellement autorisé,

pour quelque motif que ce soit, à effectuer le débarquement des
marchandises sur tous points de l'île à son choix et notamment
en rade de Saint-Paul. »

Compagnie nantaise de navigation à vapeur :

« Aussitôt après l'arrivée du navire, les marchandises seront
débarquées par les soins de la Compagnie et transbordées sur
allèges, ou mises sur quai, ou déposées en magasin, le tout aux
risques des propriétaires de la marchandise. Les marchandises
qui ne seront pas réclamées dans les 48 heures après l'arrivée
du navire pourront être transportées à l'entrepôt ou en magasin,
aux frais et risques des propriétaires de la marchandise, et ce,
sans formalités judiciaires. Les risques d'incendie ou d'inonda-
tion, tant dans les allèges qu'à terre, sous tente, en magasins,
en entrepôts ou sur quai sont à la charge des propriétaires de la
marchandise. »

Compagnie des steamers à hélice sur Bordeaux et Ham-
bourg :

« Les marchandises seront débarquées par les soins de la Compagnie aussitôt l'arrivée du navire ; leur séjour sur le quai restera
aux frais et risques du destinataire, et faute d'être réclamées
par lui dans les 24 heures, elles pourront être mises en magasin,
également à ses frais et risques, et ce sans formalités judiciaires. »

Compagnie des steamers du Havre à Anvers :

« La marchandise sera déchargée à quai, aux risques et périls
des propriétaires, immédiatement après l'arrivée du steamer,
tant de jour que de nuit ; elle sera reçue le long du bord du navire,
au fur et à mesure de son déchargement, par les ouvriers désignés
par le capitaine ou son agent ; les risques de quai sont à la charge
de la marchandise..... le capitaine n'est pas responsable non plus,
en cas d'incendie, des marchandises sous tente et sur le quai ;
ce risque est à la charge des réclamateurs et des chargeurs. »

CONCLUSION.

30. De l'ensemble des considérations qui viennent d'être développées, il se dégage les propositions suivantes sur la responsabilité éventuelle du capitaine pendant le séjour des marchandises sur les quais :

I. Le capitaine peut valablement stipuler dans un connaissement que sa responsabilité cessera, dès l'instant où la marchandise aura quitté le pont du navire et que les réclamateurs devront être prêts à la recevoir, aussi vite que le navire pourra la délivrer.

Il devra, par les modes en usage au port, mettre les réclamateurs en demeure de recevoir la marchandise et indiquer l'époque du déchargement.

II. Le capitaine, qui n'a point limité sa responsabilité, ne sera libéré que par la reconnaissance contradictoire de la marchandise par les réclamateurs ; si ceux-ci ne se présentent pas, il sera responsable jusqu'à sa mise en dépôt ordonnée par justice, après l'expiration des jours de planche convenus, au cas où le fret aurait été payé au départ.

III. Le capitaine peut se prévaloir du défaut d'observation des formalités des articles 435 et 436 du Code de commerce, aussi bien lorsqu'il y a déficit dans la marchandise que lorsqu'il y a détérioration de celle-ci.

TABLE DES MATIÈRES.

www.ingramcontent.com/pod-product-compliance
Ingram Content Group UK Ltd.
Pitfield, Milton Keynes, MK11 3LW, UK
UKHW021021120726
13693UKWH00005B/2125